Ein Mittagsschläfchen zu Hause auf dem Sofa, eine Siesta in der Mittagspause oder unterwegs in Zug und Flugzeug: Wie wäre es mit einer traumhaften Schlafmaske für den perfekten „Powernap“?

Selbst genähte und individuelle Schlafmasken sind ein tolles Geschenk für alle, die ab und an eine ungestörte Ruhepause verbringen wollen.

In diesem Buch zeige ich Ihnen eine bunte Vielfalt an Modellen: individuell, funktional, verrückt, edel, frech, verspielt und vieles mehr. Sie sind alle schnell genäht und Ihrer Kreativität sind keine Grenzen gesetzt.

Viel Freude beim Nähen wünscht Ihnen

Federleicht

schwebend durch Zeit und Raum

GRÖSSE
22 cm x 10 cm

MATERIAL
- Satinstoff in Creme, 50 cm x 25 cm
- Volumenvlies H 630, 50 cm x 15 cm
- farblich passendes Nähgarn
- Gummiband in Weiß, 30 mm breit, 35 cm lang
- Federbordüre in Natur, 22 cm lang

ZUSCHNITT
Die Schnittteile enthalten wo nötig bereits 0,75 cm Nahtzugabe.
- je 1x oberes Vorderteil aus Satin und Volumenvlies
- je 1x unteres Vorderteil aus Satin und Volumenvlies
- 1x Rückteil aus Satin und Volumenvlies
- 1x Streifen aus Satin, 50 cm x 8 cm

SCHNITTMUSTERBOGEN 1B

1 Das Volumenvlies jeweils auf die linke Stoffseite der Vorderteile und des Rückteils bügeln.

2 Den Satinstreifen für den Tunnelüberzug des Gummibands in Längsrichtung rechts auf rechts mittig falten und knappkantig zusammennähen, sodass ein Tunnel entsteht. Den Tunnel mithilfe einer Sicherheitsnadel wenden und die Naht etwas ausbügeln.

3 Das Gummiband ebenfalls mithilfe einer Sicherheitsnadel durch den Tunnelzug ziehen und die jeweiligen Enden des Gummibands mit den Enden des Tunnelzugs zusammennähen.

4 Die Federbordüre gemäß Markierung knappkantig auf das untere Vorderteil nähen.

5 Das obere Vorderteil rechts auf rechts auf das untere Vorderteil mit Federbordüre legen, heften und zusammennähen. Die Nahtzugabe vorsichtig auseinanderbügeln.

6 Die Enden des Gummibands jeweils gemäß Markierung rechts auf rechts auf das Vorderteil nähen. Dabei darauf achten, dass sich das Gummi nicht verdreht.

7 Das Rückteil rechts auf rechts so auf das Vorderteil legen, dass das Gummiband zwischen den beiden Teilen liegt, rundherum heften und bis auf eine Wendeöffnung von ca. 5 cm in der oberen Mitte zusammennähen.

8 Die Nahtzugabe knappkantig zurückschneiden. Die Schlafmaske wenden und die Wendeöffnung mit Handstichen schließen.

Gurke

frisch für den neuen Morgen

GRÖSSE
19 cm x 10 cm

MATERIAL

- Satin in Creme, 50 cm x 25 cm
- Filz oder Baumwollstoff in Dunkelgrün, 8 cm x 16 cm
- Filz oder Baumwollstoff in Hellgrün, 7 cm x 14 cm
- Volumenvlies H 630, 25 cm x 25 cm
- farblich passendes Nähgarn
- Gummiband in Weiß, 30 mm breit, 35 cm lang
- 4 Glitzersteine in Grün
- 4 Glitzersteine in Weiß
- 3 Glitzersteine in Rosé
- Textilkleber

ZUSCHNITT
Die Schnittteile enthalten wo nötig bereits 0,75 cm Nahtzugabe.

- je 2x Vorder-/Rückteil aus Satin und Volumenvlies
- 2x Kreis 1 aus dunkelgrünem Filz oder Baumwollstoff
- 2x Kreis 2 aus hellgrünem Filz oder Baumwollstoff
- 1x Streifen aus Satin, 50 cm x 8 cm

SCHNITTMUSTERBOGEN 1A

1 Das Volumenvlies jeweils auf die linke Stoffseite des Vorder- und Rückteils bügeln.

2 Den Satinstreifen für den Tunnelüberzug des Gummibands in Längsrichtung rechts auf rechts mittig falten und knappkantig zusammennähen, sodass ein Tunnel entsteht. Den Tunnel mithilfe einer Sicherheitsnadel wenden und die Naht etwas ausbügeln.

3 Das Gummiband ebenfalls mithilfe einer Sicherheitsnadel durch den Tunnelzug ziehen und die jeweiligen Enden des Gummibands mit den Enden des Tunnelzugs zusammennähen.

4 Die dunkelgrünen Kreise gemäß Markierung auf das Vorderteil heften und knappkantig mit Zickzackstich aufnähen.

5 Die hellgrünen Kreise gemäß Markierung auf die dunkelgrünen Kreise heften und knappkantig mit Zickzackstich aufnähen.

6 Die Enden des Gummibands jeweils gemäß Markierung rechts auf rechts auf das Vorderteil nähen. Dabei darauf achten, dass sich das Gummi nicht verdreht.

7 Das Rückteil rechts auf rechts so auf das Vorderteil legen, dass das Gummiband zwischen den beiden Teilen liegt, rundherum heften und bis auf eine Wendeöffnung von ca. 5 cm in der oberen Mitte zusammennähen.

8 Die Nahtzugabe knappkantig zurückschneiden. Die Schlafmaske wenden und die Wendeöffnung mit Handstichen schließen.

9 Die Glitzersteine gemäß Markierung mit Textilklebstoff auf die hellgrünen Kreise kleben.

Kreuzfahrer

genau richtig für endlos weite Traumreisen

GRÖSSE
22 cm x 10 cm

MATERIAL
- Jersey mit maritimen Druckmuster, 25 cm x 13 cm
- Jersey mit maritimen Druckmuster all-over, 25 cm x 13 cm
- Volumenvlies H 630, 25 cm x 26 cm
- farblich passendes Nähgarn
- Gummiband in Weiß, 25 mm breit, 35 cm lang

ZUSCHNITT
Die Schnittteile enthalten wo nötig bereits 0,75 cm Nahtzugabe.
- je 1x Vorder-/Rückteil aus den Jersey-stoffen
- 2x Vorder-/Rückteil aus Volumenvlies

SCHNITTMUSTERBOGEN 1B

1 Das Volumenvlies jeweils auf die linke Stoffseite des Vorder-und Rückteils bügeln.

2 Die Enden des Gummibands jeweils gemäß Markierung rechts auf rechts auf das Vorderteil nähen. Dabei darauf achten, dass sich das Gummi nicht verdreht.

3 Das Rückteil rechts auf rechts so auf das Vorderteil legen, dass das Gummiband zwischen den beiden Teilen liegt, rundherum heften und bis auf eine Wendeöffnung von ca. 5 cm in der oberen Mitte zusammen-nnähen.

4 Die Nahtzugabe knappkantig zurückschneiden. Die Schlafmaske wenden und die Wendeöffnung mit Handstichen schließen.

Mein Tipp für Sie

Lieblingsstoffe Es muss nicht unbedingt ein maritimer Stoff sein. Vielleicht gefällt Ihnen für Ihre Traumreise ein Palmen- oder Unterwasserweltdruck besser. Folgen Sie Ihren Träumen.

MARINE

Lama

Lieblingsstück für bunte Träume

GRÖSSE
23 cm x 18 cm

MATERIAL
- Baumwollplüsch in Natur, 25 cm x 35 cm
- Nicki in Natur, 25 cm x 20 cm
- Filz in Braun, 7 cm x 5 cm
- farblich passendes Nähgarn
- Gummiband in Natur oder farblich passend, 25 mm breit, 35 cm lang
- Zackenlitze in Schwarz, 7 mm breit, 10 cm lang
- Baumwollkordel in Natur, 10 mm breit, 40 cm lang
- Pomponbordüre in Multicolor, 20 cm lang

ZUSCHNITT
Die Schnittteile enthalten wo nötig bereits 0,75 cm Nahtzugabe.
- je 1x Vorder-/Rückteil aus Baumwollplüsch und Nicki
- 4x Ohr aus Baumwollplüsch (2x gegengleich)
- 1x Schnauze aus Filz

SCHNITTMUSTERBOGEN 1A

1 Die Schnauze gemäß Markierung auf das Vorderteil aus Baumwollplüsch heften und knappkantig annähen.

2 Die Zackenlitze halbieren, gemäß Markierung rechts und links an die Schnauze heften und annähen.

3 Für die Ohren je zwei gegengleiche Teile rechts auf rechts aufeinanderheften und bis auf die untere Öffnung zum Wenden knappkantig zusammennähen. Die Ohren wenden.

4 Die Ohren gemäß Markierung falten, jeweils gemäß Markierung rechts auf rechts auf das Vorderteil heften und annähen.

5 Die Enden des Gummibands jeweils gemäß Markierung rechts auf rechts auf das Vorderteil nähen. Dabei darauf achten, dass sich das Gummi nicht verdreht.

6 Das Rückteil aus Nicki rechts auf rechts so auf das Vorderteil legen, dass die Ohren und das Gummiband zwischen beiden Teilen liegen, rundherum heften und bis auf eine Wendeöffnung zwischen den Ohren zusammennähen.

7 Die Nahtzugabe knapp zurückschneiden. Die Schlafmaske wenden und die Wendeöffnung mit Handstichen schließen.

8 Aus der Baumwollkordel 5 Teilstücke von ca. 8 cm Länge zuschneiden, jeweils mittig umschlagen und den Umschlag mit Handstichen fixieren. Die Kordelstücke an den Enden etwas ausfransen. Die 5 Kordelteile von Hand gleichmäßig zwischen den Ohren annähen.

9 Die Pomponbordüre halbieren und jeweils mit Handstichen an die nach innen zeigende Seite der Ohren nähen.

Lavendeltraum

schlafen wie Gott in Frankreich

GRÖSSE
23 cm x 11 cm

MATERIAL
- Baumwollstoff in Rosé mit Blütenmotiv, 25 cm x 15 cm
- Baumwollbatist in uni Rosé für das Innenkissen, 25 cm x 15 cm
- farblich passendes Nähgarn
- Gummiband in Weiß, 15 mm breit, 70 cm lang
- 4 Minipompons in Weiß, ø 10 mm
- Handvoll getrocknete Lavendelblüten

ZUSCHNITT
Die Schnittteile enthalten wo nötig bereits 0,75 cm Nahtzugabe.
- je 2x Vorder-/Rückteil aus Baumwollstoff
- je 2x Innenkissen aus Baumwollbatist

SCHNITTMUSTERBOGEN 2B

1 Die Innenkissenteile aus Baumwollbatist rechts auf rechts heften und bis auf eine kleine Wendeöffnung zusammennähen. Die Nahtzugabe knappkantig zurückschneiden und das Innenkissen wenden.

2 Die Lavendelblüten in das Innenkissen füllen und die Wendeöffnung mit Handstichen schließen. Die Lavendelblüten gleichmäßig verteilen und gemäß Markierung mit großer Stichlänge Stepplinien aufnähen, damit die Lavendelblüten gleichmäßig verteilt bleiben.

3 Das Gummiband in zwei 35 cm lange Stücke teilen und jeweils zwei Enden untereinander gemäß Markierung rechts auf rechts auf das Vorderteil aus Baumwollstoff nähen. Dabei darauf achten, dass sich die Gummis nicht verdrehen.

4 Das Rückteil rechts auf rechts so auf das Vorderteil legen, dass das Gummiband zwischen beiden Teilen liegt, rundherum heften und bis auf eine Wendeöffnung von ca. 5 cm in der oberen Mitte zusammennähen. Die Nahtzugabe knappkantig zurückschneiden und die Schlafmaske wenden.

5 Das mit Lavendel gefüllte Innenkissen einziehen und die Wendeöffnung mit Handstichen schließen.

6 Auf jeder Seitennaht am Gummiband von Hand zwei Pompons annähen.

Nightdreams

weck die Diva in dir

GRÖSSE
25 cm x 13 cm

MATERIAL
- Fellimitat in Schwarz-Petrol, 25 cm x 15 cm
- Softshell in Schwarz, 25 cm x 15 cm
- farblich passendes Nähgarn
- Gummiband in Schwarz, 7 mm breit, 66 cm lang
- Federboa in Schwarz, 30 cm lang

ZUSCHNITT
Die Schnittteile enthalten wo nötig bereits 0,75 cm Nahtzugabe.
- 1x Vorder-/Rückteil aus Fellimitat
- 1x Vorder-/Rückteil aus Softshell

SCHNITTMUSTERBOGEN 1B

1 Das Gummiband in zwei 33 cm lange Stücke teilen und jeweils zwei Enden untereinander gemäß Markierung rechts auf rechts auf das Vorderteil aus Fellimitat nähen. Dabei darauf achten, dass sich die Gummis nicht verdrehen.

2 Das Rückteil aus Softshell rechts auf rechts so auf das Vorderteil legen, dass die Gummibänder zwischen den beiden Teilen liegen, rundherum zusammenheften und bis auf eine Wendeöffnung von ca. 5 cm in der oberen Mitte zusammennähen.

3 Die Nahtzugabe knappkantig zurückschneiden. Die Schlafmaske wenden und die Wendeöffnung mit Handstichen schließen.

4 Die Federboa gemäß Markierung von Hand auf das Vorderteil nähen.

Mein Tipp für Sie

Mehr Glamour Für eine noch divenhaftere Variante nähen Sie zusätzlich ein Paillettenband unterhalb der Federboa an.

Cool

für flirrend heiße Sommernächte

GRÖSSE
19 cm x 9 cm

MATERIAL
- gecrashter Metallicstoff (Laméstoff) in Silber, 25 cm x 12 cm
- Baumwollnicki in Weiß, 25 cm x 25 cm
- Volumenvlies H 630, 25 cm x 12 cm
- Vlieseline H 180, 25 cm x 12 cm
- farblich passendes Nähgarn
- Gummiband in Silberlurex, 25 mm breit, 35 cm lang
- Gelkühlkissen für Augenmaske (Drogeriemarkt)

ZUSCHNITT
Die Schnittteile enthalten wo nötig bereits 0,75 cm Nahtzugabe.
- je 1x Vorder-/Rückteil aus Laméstoff, Baumwollnicki und Volumenvlies
- je 1x Rückteil mit gerader Kante aus Baumwollnicki und Vlieseline

SCHNITTMUSTERBOGEN 1A

1 Das Volumenvlies jeweils auf die linke Stoffseite des Vorder- und Rückteils bügeln. Die Vlieseline auf die linke Stoffseite des Rückteils mit gerader Kante aus Baumwollnicki bügeln.

2 Die Enden des Gummibands jeweils gemäß Markierung rechts auf rechts auf das Vorderteil aus Laméstoff nähen. Dabei darauf achten, dass sich das Gummi nicht verdreht.

3 Die gerade Kante des Rückteils zum Einschieben des Gelkühlkissens knappkantig mit Zickzackstich versäubern, links auf links auf das andere Rückteil aus Baumwollnicki heften und knappkantig rundherum zusammennähen.

4 Die zusammengenähten Rückteile rechts auf rechts so auf das Vorderteil legen, dass das Gummiband zwischen beiden Teilen liegt, rundherum heften und bis auf eine Wendeöffnung von ca. 5 cm in der oberen Mitte zusammennähen.

5 Die Nahtzugabe knappkantig zurückschneiden. Die Schlafmaske wenden und die Wendeöffnung mit Handstichen schließen.

6 Das Gelkühlkissen durch die seitliche Öffnung auf die Innenseite der Schlafmaske schieben.

Dandy

stylisch in Schwarz-Weiß

GRÖSSE
22 cm x 10 cm

MATERIAL

- Jersey mit Pepita muster in Schwarz-Weiß, 25 cm x 8 cm
- Softshell in Schwarz, 25 cm x 22 cm
- Volumenvlies H 630, 25 cm x 15 cm
- farblich passendes Nähgarn
- Fransenbordüre in Schwarz, 35 mm breit, 25 cm lang
- Gummiband in Schwarz, 15 mm breit, 35 cm lang

ZUSCHNITT
Die Schnittteile enthalten wo nötig bereits 0,75 cm Nahtzugabe.

- je 1x oberes Vorderteil aus Jersey und Volumenvlies
- je 1x unteres Vorderteil aus Softshell und Volumenvlies
- 1x Rückteil aus Softshell

SCHNITTMUSTER-BOGEN 2B

1 Das Volumenvlies jeweils auf die linke Stoffseite der beiden Vorderteile bügeln.

2 Die Fransenbordüre gemäß Markierung knappkantig auf das untere Vorderteil aus Softshell nähen.

3 Das obere Vorderteil aus Pepitajersey rechts auf rechts auf das untere Vorderteil mit Fransenbordüre heften und zusammennähen. Die Nahtzugabe vorsichtig auseinanderbügeln.

4 Die Enden des Gummibands jeweils gemäß Markierung rechts auf rechts auf das Vorderteil nähen. Dabei darauf achten, dass sich das Gummi nicht verdreht.

5 Das Rückteil aus Softshell rechts auf rechts so auf das Vorderteil legen, dass das Gummiband zwischen den beiden Teilen liegt, rundherum heften und bis auf eine Wendeöffnung von ca. 5 cm in der oberen Mitte zusammennähen.

6 Die Nahtzugabe knappkantig zurückschneiden. Die Schlafmaske wenden und die Wendeöffnung mit Handstichen schließen.

Pretty in Pink

da kann keine widerstehen

GRÖSSE
26 cm x 10 cm

MATERIAL
- Satin in Pink, 55 cm x 30 cm
- Volumenvlies H 630, 55 cm x 25 cm
- farblich passendes Nähgarn
- Gummiband in Weiß, 7 mm breit, 30 cm lang

ZUSCHNITT
Die Schnittteile enthalten wo nötig bereits 0,75 cm Nahtzugabe.
- je 2x Vorder-/Rückteil aus Satin und Volumenvlies
- 1x Streifen aus Satin, 50 cm x 8 cm

SCHNITTMUSTERBOGEN 1B

1 Das Volumenvlies jeweils auf die linke Stoffseite des Vorder- und Rückteils bügeln.

2 Den Satinstreifen für den Tunnelüberzug des Gummibands in Längsrichtung rechts auf rechts mittig falten und knappkantig zusammennähen, sodass ein Tunnel entsteht. Den Tunnel mithilfe einer Sicherheitsnadel wenden und die Naht etwas ausbügeln.

3 Das Gummiband ebenfalls mithilfe einer Sicherheitsnadel durch den Tunnelzug ziehen und die jeweiligen Enden des Gummibands mit den Enden des Tunnelzugs zusammennähen.

4 Das Vorderteil mit farblich passendem Garn gemäß Markierung im Rautenmuster absteppen.

5 Die Enden des Gummibands jeweils gemäß Markierung rechts auf rechts auf das Vorderteil nähen. Dabei darauf achten, dass sich das Gummi nicht verdreht.

6 Das Rückteil rechts auf rechts so auf das Vorderteil legen, dass das Gummiband zwischen beiden Teilen liegt, rundherum heften und bis auf eine Wendeöffnung von ca. 5 cm in der oberen Mitte zusammennähen.

7 Die Nahtzugabe knappkantig zurückschneiden. Die Schlafmaske wenden und die Wendeöffnung mit Handstichen schließen.

Eva Scharnowski

Schlafmasken nähen

Traumhafte Ideen für individuelle Geschenke

BEST.-NR. 6843

VORLAGENBOGEN 1A

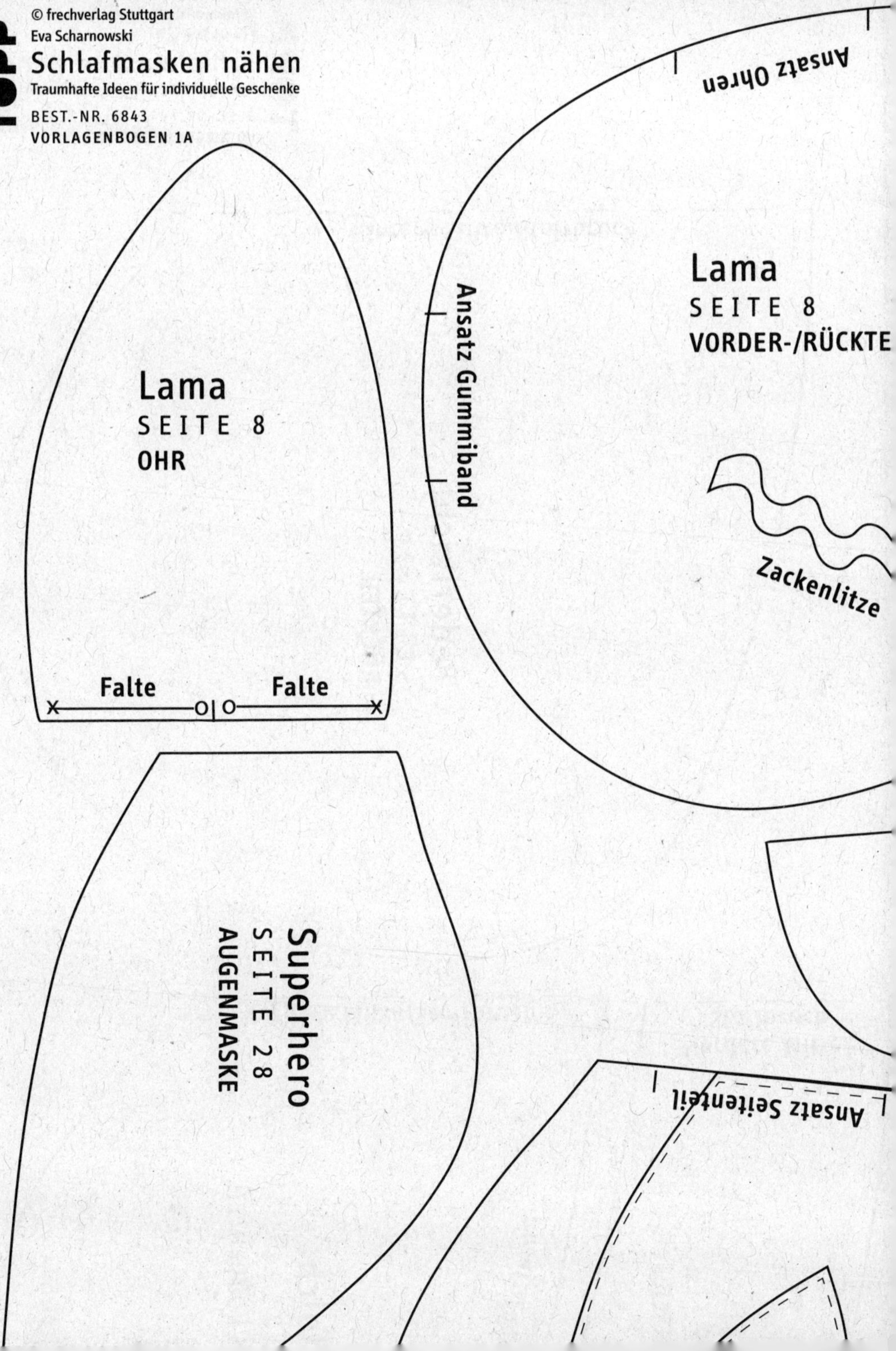

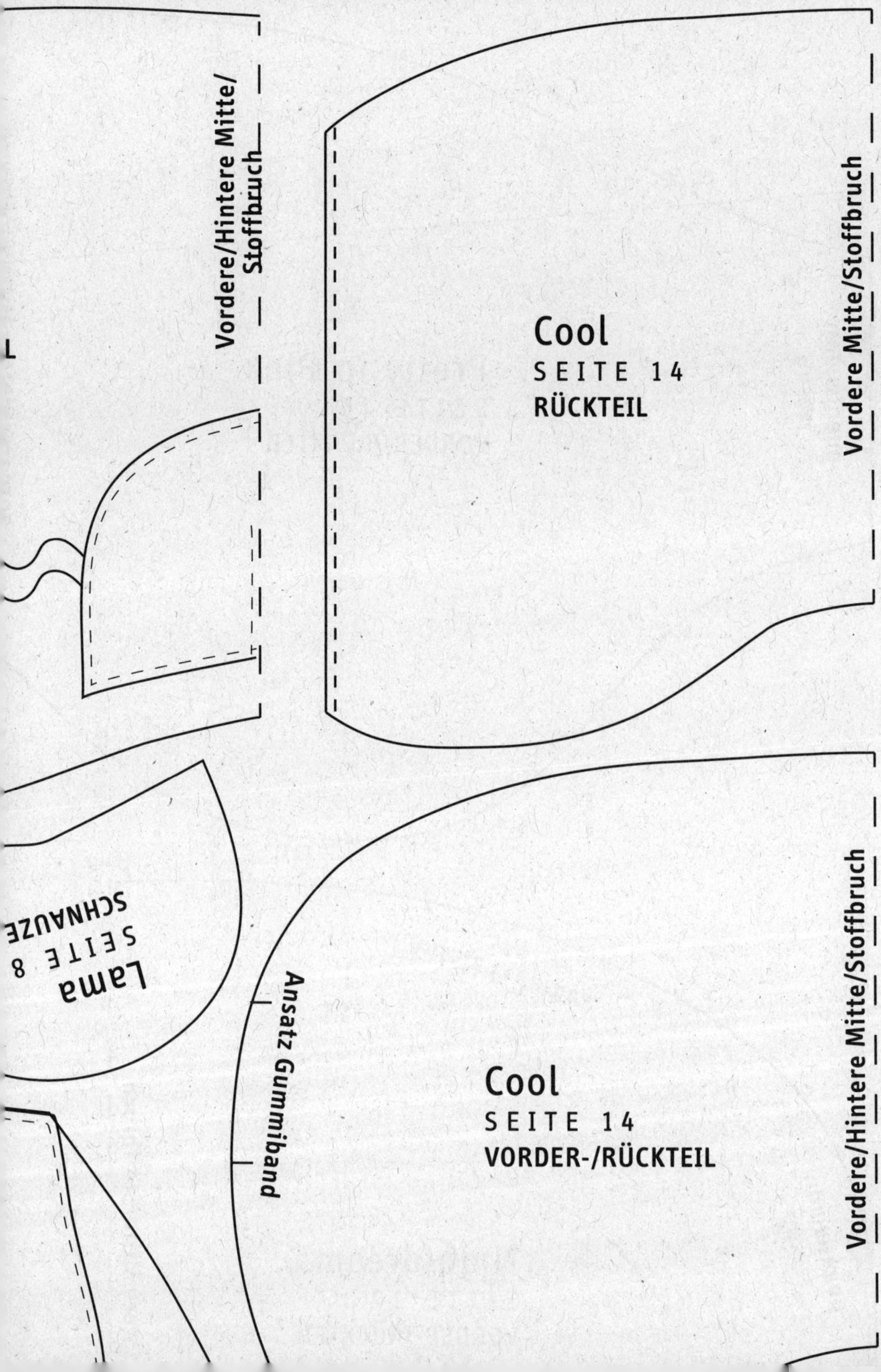

DIE VORLAGENBOGEN BITTE AN DER **PERFORATION** HERAUSTRENNEN

DIE VORLAGENBOGEN BITTE AN DER PERFORATION HIER HERAUSTRENNEN

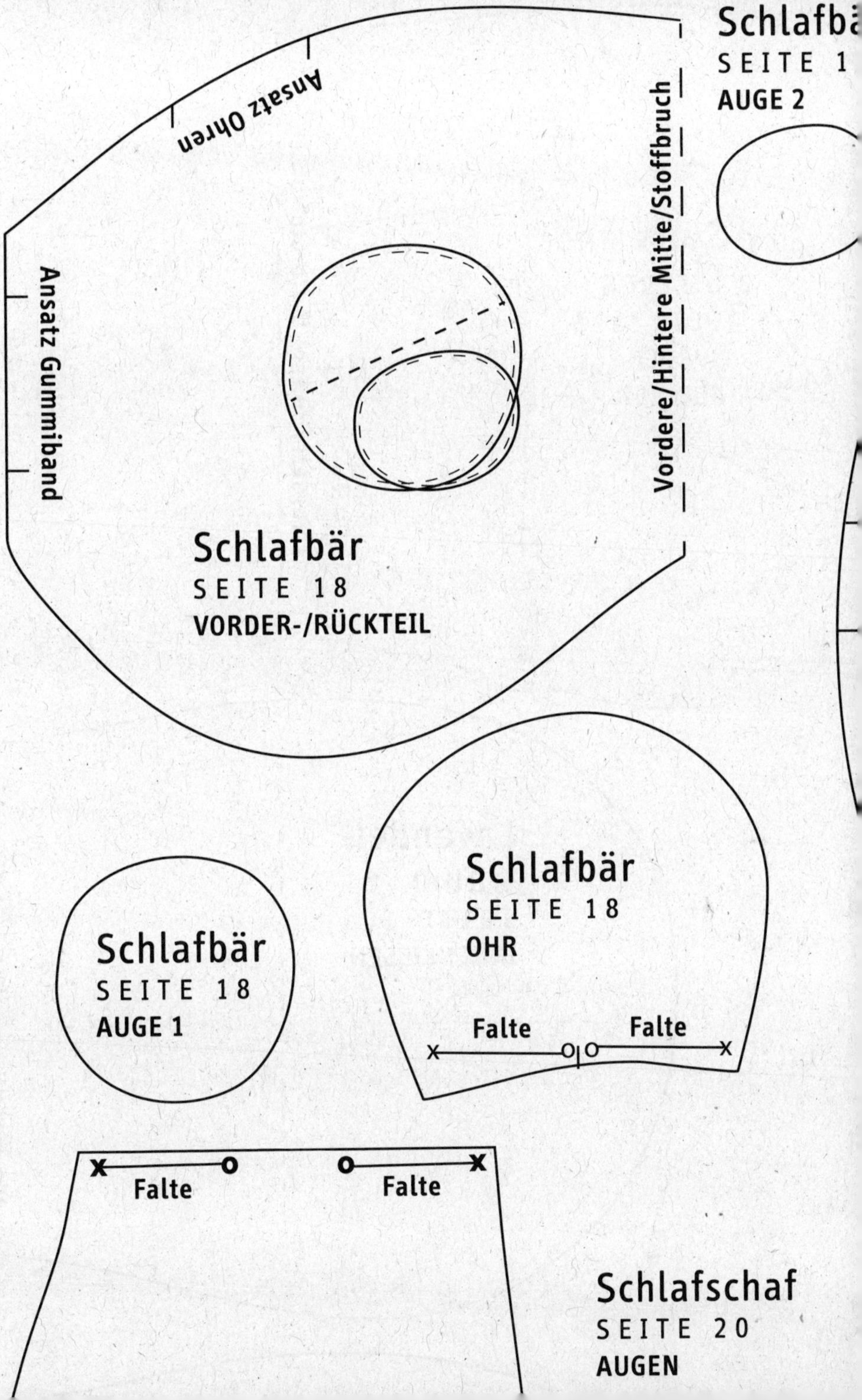

TOPP
© frechverlag Stuttgart
Eva Scharnowski
Schlafmasken nähen
Traumhafte Ideen für individuelle Geschenke
BEST.-NR. 6843
VORLAGENBOGEN 2A

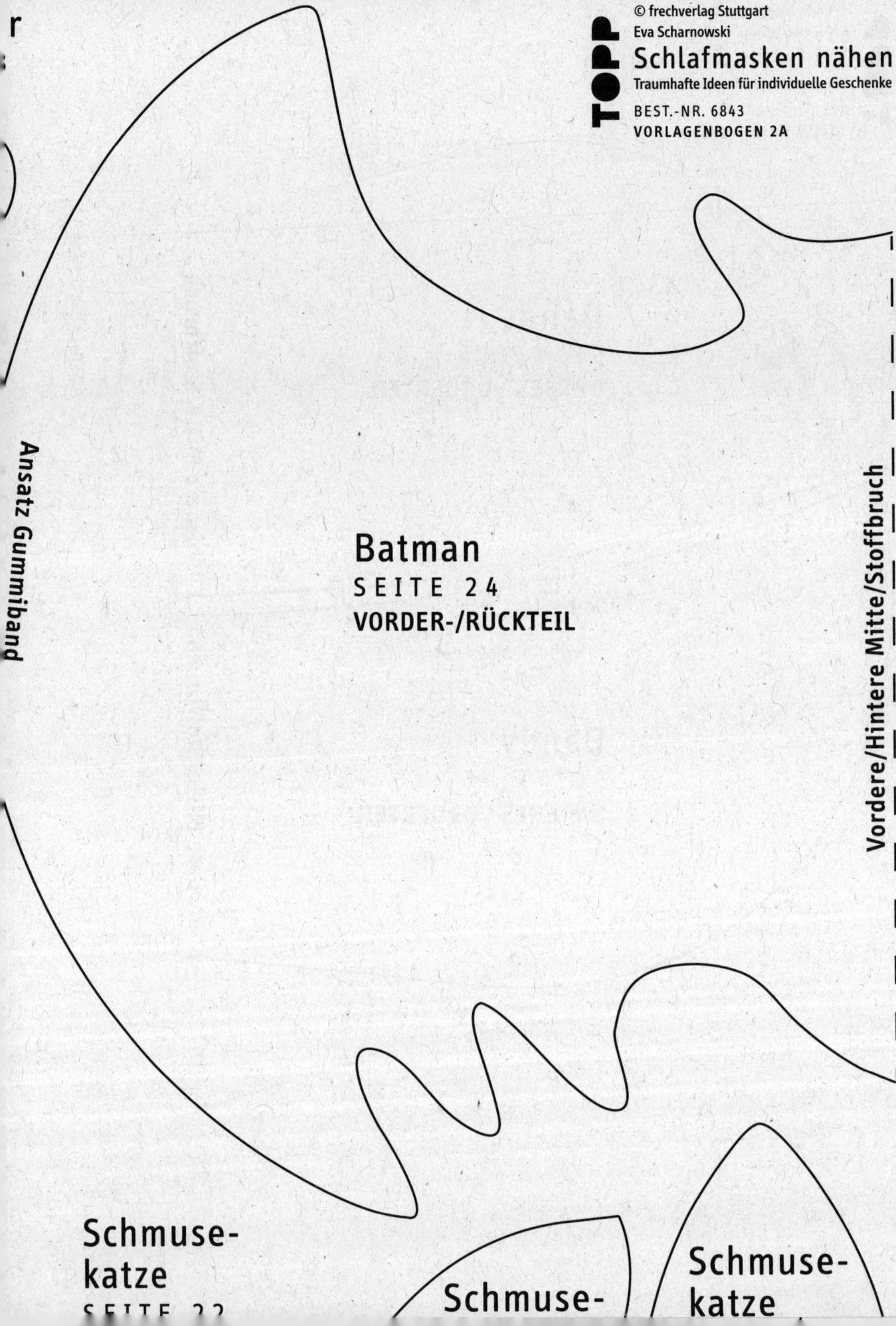

Batman

SEITE 24

VORDER-/RÜCKTEIL

Schmuse-
katze
SEITE 22

Schmuse-

Schmuse-
katze

Schlafbär

schlummern wie im tiefsten Winter

GRÖSSE
24 cm x 11 cm

MATERIAL
- Fellimitat in Braun, 25 cm x 15 cm
- Sweatjersey in Hellgrau, 25 cm x 25 cm
- Filz in Weiß, 8 cm x 5 cm
- Filz in Schwarz, 5 cm x 5 cm
- farblich passendes Nähgarn
- Gummiband in Schwarz mit Goldlurex, 20 mm breit, 35 cm lang

ZUSCHNITT
Die Schnittteile enthalten wo nötig bereits 0,75 cm Nahtzugabe.
- je 1x Vorder-/Rückteil aus Fellimitat und Sweatjersey
- 4x Ohr aus Sweatjersey (2x gegengleich)
- 2x Auge 1 aus weißem Filz
- 2x Auge 2 aus schwarzem Filz

SCHNITTMUSTERBOGEN 2A

1 Die Augen aus weißem Filz jeweils gemäß Markierung auf das Vorderteil aus Fellimitat heften und annähen. Die Augen aus schwarzem Filz jeweils gemäß Markierung auf die weißen Filzaugen legen, ebenfalls heften und annähen.

2 Für die Ohren jeweils zwei gegengleiche Teile links auf rechts heften und bis auf die untere gerade Öffnung zusammennähen. Die Nahtzugabe knappkantig zurückschneiden und die Ohren wenden.

3 Die Ohren mit der flauschigen Stoffseite nach vorne gemäß Markierung falten und gemäß Markierung rechts auf rechts auf das Vorderteil aus Fellimitat nähen.

4 Jeweils die Enden des Gummibands gemäß Markierung rechts auf rechts auf das Vorderteil nähen. Dabei darauf achten, dass sich das Gummi nicht verdreht.

5 Das Rückteil aus Sweatjersey mit der flauschigen Seite rechts auf rechts so auf das Vorderteil legen, dass das Gummiband und die Ohren dazwischenliegen, rundherum heften und bis auf eine Wendeöffnung zwischen den Ohren zusammennähen.

6 Die Nahtzugabe knappkantig zurückschneiden. Die Schlafmaske wenden und die Wendeöffnung mit Handstichen schließen.

Schlafschaf

Einschlafen leicht gemacht

GRÖSSE
25 cm x 12 cm

MATERIAL
- Baumwollplüsch in Natur , 25 cm x 25 cm
- Sweatjersey in Natur, 25 cm x 20 cm
- Sweatjersey in Rosé, 18 cm x 14 cm
- Filz in Weiß, 5 cm x 5 cm
- Filz in Schwarz, 5 cm x 5 cm
- farblich passendes Nähgarn
- Gummiband in Weiß, 20 mm breit, 35 cm lang
- Zackenlitze in Schwarz, 7 mm breit, 5 cm lang
- 2 Glitzerblümchen zum Aufkleben in Rosé, ø 8 mm
- Textilkleber

ZUSCHNITT
Die Schnittteile enthalten wo nötig bereits 0,75 cm Nahtzugabe.
- je 1x Vorder-/Rückteil aus Baumwollplüsch und naturfarbenem Sweatjersey
- je 2x Ohr aus Baumwollplüsch und Sweatjersey in Rosé (je gegengleich)
- 2x Auge 1 aus weißem Filz
- 2x Auge 2 aus schwarzem Filz
- 1x Schnauze aus weißem Filz

SCHNITTMUSTERBOGEN 2A

1 Die Augen aus weißem Filz jeweils gemäß Markierung auf das Vorderteil aus Baumwollplüsch heften und annähen. Die Augen aus schwarzem Filz jeweils gemäß Markierung auf die weißen Filzaugen legen, ebenfalls heften und annähen.

2 Die Schnauze aus weißem Filz gemäß Markierung auf das Vorderteil heften und mit Zickzackstich knappkantig annähen. Die Zackenlitze gemäß Markierung auf die Schnauze nähen.

3 Für die Ohren jeweils ein Teil aus Baumwollplüsch und Sweatjersey links auf rechts heften und bis auf die untere gerade Öffnung zusammennähen. Die Nahtzugabe knappkantig zurückschneiden und die Ohren wenden.

4 Die Ohren mit der rosa Seite nach vorne gemäß Markierung falten und gemäß Markierung rechts auf rechts auf das Vorderteil nähen.

5 Jeweils die Enden des Gummibands rechts auf rechts auf das Vorderteil nähen. Dabei darauf achten, dass sich das Gummi nicht verdreht.

6 Das Rückteil aus Sweatjersey mit der flauschigen Seite rechts auf rechts so auf das Vorderteil legen, dass das Gummiband und die Ohren dazwischenliegen, danach rundherum heften und bis auf eine Wendeöffnung zwischen den Ohren zusammennähen.

7 Die Nahtzugabe knappkantig zurückschneiden. Die Schlafmaske wenden und die Wendeöffnung mit Handstichen schließen.

8 Die Glitzerblümchen jeweils wie abgebildet mit dem Textilkleber auf die schwarzen Augen kleben.

Schmusekatze

für schnurrende Behaglichkeit

GRÖSSE
23 cm x 17 cm

MATERIAL
- Fellimitat in Rosa, 28 cm x 22 cm
- Nickistoff in Weiß, 28 cm x 22 cm
- Volumenvlies H 630, 28 cm x 22 cm
- Filz in Weiß, 10 cm x 10 cm
- Filz in Blau, 10 cm x 5 cm
- Filz in Schwarz, Rest
- farblich passendes Nähgarn
- Gummiband in Rosa mit Goldlurex, 25 mm breit, 35 cm lang

ZUSCHNITT
Die Schnittteile enthalten wo nötig bereits 0,75 cm Nahtzugabe.
- je 1x Vorder-/Rückteil aus Fellimitat und Nicki
- 2x Ohr aus weißem Filz
- 2x Augenlid aus weißem Filz
- 2x Auge aus blauem Filz
- 2x Pupille aus schwarzem Filz

SCHNITTMUSTERBOGEN 2A

1 Die Teile für die Augen aus blauem, weißem und schwarzem Filz gemäß Markierung nacheinander auf das Vorderteil aus Fellimitat heften und knappkantig annähen.

2 Die Ohren aus weißem Filz ebenfalls gemäß Markierung auf das Vorderteil heften und knappkantig annähen.

3 Die Enden des Gummibands jeweils gemäß Markierung rechts auf rechts auf das Vorderteil nähen. Dabei darauf achten, dass sich das Gummi nicht verdreht.

4 Das Rückteil aus Nickistoff mit der flauschigen Seite rechts auf rechts so auf das Vorderteil legen, dass das Gummiband zwischen beiden Teilen liegt, rundherum heften und bis auf eine Wendeöffnung zwischen den Ohren zusammennähen.

5 Die Nahtzugabe knappkantig zurückschneiden. Die Schlafmaske wenden und die Wendeöffnung mit Handstichen schließen.

Batman

schwarz wie die Nacht

GRÖSSE
28 cm x 18 cm

MATERIAL
- Velourslederimitat in Schwarz, 35 cm x 45 cm
- Vliesofix, 30 cm x 20 cm
- farblich passendes Nähgarn
- Gummiband in Schwarz, 15 mm breit, 32 cm lang

ZUSCHNITT
Die Schnittteile enthalten wo nötig bereits 0,75 cm Nahtzugabe.
- 2x Vorder-/Rückteil aus Velourslederimitat
- 1x Vorder-/Rückteil aus Vliesofix

SCHNITTMUSTERBOGEN 2A

1 Das Vliesofix zwischen beide Teile aus Velourslederimitat legen.

2 Ein Bügeltuch auf das Velourslederimitat legen und vorsichtig mit Dampf darüberbügeln, damit das Vliesofix die beiden Teile zusammenklebt.

3 Die Kanten noch einmal mit einer kleinen Schere nachschneiden.

4 Das Gummiband gemäß Markierung auf das Rückteil nähen.

Mein Tipp für Sie

Echtes Leder Für eine edle Variante kann man auch feines Echtleder für das Vorderteil einsetzen. Hierfür genügt ein Lederrest, z. B. Ziegen- oder Veloursleder.

Spiegelei

fast wie Frühstück im Bett

GRÖSSE
19 cm x 10 cm

MATERIAL
- Satin in Creme, 25 cm x 25 cm
- Filz in Weiß, 20 cm x 10 cm
- Filz in Gelb, 10 cm x 5 cm
- Volumenvlies H 630, 25 cm x 25 cm
- farblich passendes Nähgarn
- Gummiband in Creme, 25 mm breit, 35 cm lang

ZUSCHNITT
Die Schnittteile enthalten wo nötig bereits 0,75 cm Nahtzugabe.
- je 2x Vorder-/Rückteil aus Satin und Volumenvlies
- 2x Eiweiß aus weißem Filz
- 2x Eigelb aus gelbem Filz

SCHNITTMUSTERBOGEN 1B

1 Das Volumenvlies jeweils auf die linke Stoffseite des Vorder- und Rückteils bügeln.

2 Das Eiweiß aus weißem Filz jeweils gemäß Markierung auf das Vorderteil heften und knappkantig absteppen. Das Eigelb aus gelbem Filz ebenfalls jeweils gemäß Markierung auf das Eiweiß heften und knappkantig absteppen.

3 Die Enden des Gummibands jeweils gemäß Markierung rechts auf rechts auf das Vorderteil nähen. Dabei darauf achten, dass sich das Gummi nicht verdreht.

4 Das Rückteil rechts auf rechts so auf das Vorderteil legen, dass das Gummiband zwischen beiden Teilen liegt, rundherum heften und bis auf eine Wendeöffnung von ca. 5 cm in der oberen Mitte zusammennähen.

5 Die Nahtzugabe knappkantig zurückschneiden. Die Schlafmaske wenden und die Wendeöffnung mit Handstichen schließen.

Stars and Stripes

eingefasst von weißen Sternen

GRÖSSE
21 cm x 10 cm

MATERIAL
- Jeansstoff mit Sternendruck, 24 cm x 12 cm
- Baumwollbatist in Blau-Weiß gestreift, 24 cm x 12 cm
- Filz in Weiß, 12 cm x 12 cm
- Volumenvlies H 630, 24 cm x 12 cm
- farblich passendes Nähgarn
- Schrägband in Rot mit Sternen bedruckt, 25 mm x 1,30 m
- Gummiband in Weiß, 5 mm breit, 35 cm lang

ZUSCHNITT
Die Schnittteile enthalten wo nötig bereits 0,75 cm Nahtzugabe.
- je 1x Vorder-/Rückteil aus Jeansstoff und Baumwollbatist
- 1x Vorder-/Rückteil aus Volumenvlies
- 1x Stern aus weißem Filz

SCHNITTMUSTERBOGEN 2B

1 Das Volumenvlies auf die linke Stoffseite des Vorderteils aus Jeansstoff bügeln.

2 Den Stern aus weißem Filz gemäß Markierung auf das Vorderteil aus Jeansstoff heften und knappkantig aufnähen.

3 70 cm von dem Schrägband der Länge nach rechts auf rechts mittig falten und knappkantig zusammennähen, sodass ein Tunnel entsteht. Den Tunnel mithilfe einer Sicherheitsnadel wenden und die Naht etwas ausbügeln.

4 Das Gummiband ebenfalls mithilfe einer Sicherheitsnadel durch den Tunnelzug ziehen und die jeweiligen Enden des Gummibands mit den Enden des Tunnelzugs zusammennähen.

5 Das gestreifte Rückteil links auf links auf das Vorderteil heften und knappkantig zusammennähen.

6 Die Enden des Gummibands jeweils gemäß Markierung rechts auf rechts auf das Rückteil heften und knappkantig annähen. Dabei darauf achten, dass sich das Gummi nicht verdreht.

7 Die Schlafmaske mit dem restlichen Schrägband (ca. 57 cm) rundherum einfassen. Dazu das Schrägband kantenbündig rechts auf rechts rundherum am Vorderteil feststecken. Dabei die Kante des Schrägbands jeweils an der Rundung etwas einhalten, damit sie sich der Rundung anpasst. Das Schrägband knappkantig festnähen und die Nahtzugabe zurückschneiden.

8 Das Schrägband um die Kante herum auf das Rückteil klappen, dabei das angenähte Gummiband mitfassen. Das Schrägband heften und knappkantig absteppen. Die überstehende offene Kante des Schrägstreifens bis zur Naht zurückschneiden.

Superhero

dein Held für alle Nächte

GRÖSSE
22 cm x 12 cm

MATERIAL

- gesteppter Metallicstoff in Türkis, 25 cm x 20 cm
- Softshell in Schwarz, 25 cm x 15 cm
- Stoff in Silber, 10 cm x 10 cm
- Filz in Schwarz, 25 cm x 10 cm
- farblich passendes Nähgarn
- Gummiband in Silberlurex, 25 mm x 28 cm

ZUSCHNITT
Die Schnittteile enthalten wo nötig bereits 0,75 cm Nahtzugabe.

- je 1x Vorder-/Rückteil aus Metallicstoff und Softshell
- 4x Seitenteil aus Metallicstoff (2x gegengleich)
- 2x Auge aus silberfarbenem Stoff
- 1x Augenmaske aus schwarzem Filz

SCHNITTMUSTERBOGEN 1A

1 Die Augen aus silberfarbenem Stoff gemäß Markierung links auf rechts auf die Augenmaske aus schwarzem Filz heften und annähen. Die Augenmaske gemäß Markierung links auf rechts auf das Vorderteil aus Metallicstoff legen, ebenfalls heften und knappkantig annähen.

2 Die Enden des Gummibands jeweils gemäß Markierung rechts auf rechts auf zwei gegengleiche Seitenteile heften und annähen. Dabei darauf achten, dass sich das Gummi nicht verdreht.

3 Jeweils die beiden restlichen Seitenteile passgenau rechts auf rechts auf die Seitenteile mit angenähtem Gummiband heften und an den Schrägen und der Gummibandseite zusammennähen. Die Nahtzugaben knappkantig zurückschneiden. Die Seitenteile durch die offene Seite wenden und in Form bringen.

4 Die Seitenteile jeweils gemäß Markierung rechts auf rechts auf das Vorderteil heften und annähen.

5 Das Rückteil aus Softshell rechts auf rechts so auf das Vorderteil legen, dass das Gummiband zwischen beiden Teilen liegt, rundherum heften und bis auf eine Wendeöffnung von ca. 5 cm in der oberen Mitte zusammennähen.

6 Die Nahtzugabe knappkantig zurückschneiden. Die Schlafmaske wenden und die Wendeöffnung mit Handstichen schließen.

Tomate

auf den Augen

GRÖSSE
19 cm x 10 cm

MATERIAL
- Satin in Creme, 50 cm x 25 cm
- Filz in Rot, 8 cm x 13 cm
- Filz in Grün, 5 cm x 8 cm
- Volumenvlies H 630, 25 cm x 25 cm
- farblich passendes Nähgarn
- Gummiband in Weiß, 30 mm breit, 35 cm lang
- 4 Glitzersteine in Rot
- Textilkleber

ZUSCHNITT
Die Schnittteile enthalten wo nötig bereits 0,75 cm Nahtzugabe.

- je 2x Vorder-/Rückteil aus Satin und Volumenvlies
- 1x Streifen aus Satin, 50 cm x 8 cm
- 2x Tomate aus rotem Filz
- 2x Tomatenstiel aus grünem Filz

SCHNITTMUSTERBOGEN 2B

1 Das Volumenvlies jeweils auf die linke Stoffseite des Vorder- und Rückteils bügeln.

2 Den Satinstreifen für den Tunnelüberzug des Gummibands in Längsrichtung rechts auf rechts mittig falten und knappkantig zusammennähen, sodass ein Tunnel entsteht. Den Tunnel mithilfe einer Sicherheitsnadel wenden und die Naht etwas ausbügeln.

3 Das Gummiband ebenfalls mithilfe einer Sicherheitsnadel durch den Tunnelzug ziehen und die jeweiligen Enden des Gummibands mit den Enden des Tunnelzugs zusammennähen.

4 Die Tomaten aus rotem Filz jeweils gemäß Markierung auf das Vorderteil heften und knappkantig absteppen.

5 Die Tomatenstiele aus grünem Filz jeweils gemäß Markierung auf das Vorderteil und die Tomaten heften und mit Zickzackstich aufnähen.

6 Die Enden des Gummibands jeweils gemäß Markierung rechts auf rechts auf das Vorderteil nähen. Dabei darauf achten, dass sich das Gummi nicht verdreht.

7 Das Rückteil rechts auf rechts so auf das Vorderteil legen, dass das Gummiband zwischen beiden Teilen liegt, rundherum heften und bis auf eine Wendeöffnung von ca. 5 cm in der oberen Mitte zusammennähen.

8 Die Nahtzugabe knappkantig zurückschneiden. Die Schlafmaske wenden und die Wendeöffnung mit Handstichen schließen.

9 Die Glitzersteine jeweils gemäß Markierung mit Textilklebstoff auf die Tomaten kleben.

Eva Scharnowski nähte bereits mit fünf Jahren an der Nähmaschine ihrer Mutter und seit dieser Zeit ist die Leidenschaft zu Stoffen und Nähmaschinen ungebrochen. Mit der Kunsthändlerausbildung und dem Textildesignstudium war der Weg zur Designerin für Deko-, Bekleidungs- und Automobilstoffe nicht mehr aufzuhalten.

DANKE!

Wir danken den Firmen Prym consumer Europe GmbH, Stolberg, Hilco Textil GmbH, Leinfelden-Echterdingen, und Westfalenstoffe AG, Münster, für die Unterstützung bei diesem Buch.

TOPP – Unsere Servicegarantie

WIR SIND FÜR SIE DA! Bei Fragen zu unserem umfangreichen Programm oder Anregungen freuen wir uns über Ihren Anruf oder Ihre Post. Loben Sie uns, aber scheuen Sie sich auch nicht, Ihre Kritik mitzuteilen – sie hilft uns, ständig besser zu werden.

Bei Fragen zu einzelnen Materialien oder Techniken wenden Sie sich bitte an unseren Kreativservice, Frau Erika Noll.
mail@kreativ-service.info
Telefon 0 50 52 / 91 18 58

Das Produktmanagement erreichen Sie unter:
pm@frechverlag.de
oder:
frechverlag
Produktmanagement
Turbinenstraße 7
70499 Stuttgart
Telefon 07 11 / 8 30 86 68

LERNEN SIE UNS BESSER KENNEN! Fragen Sie Ihren Hobbyfach- oder Buchhändler nach unserem kostenlosen Magazin **Meine kreative Welt**. Darin entdecken Sie dreimal im Jahr die neuesten Kreativtrends und interessantesten Buchneuheiten.

Oder besuchen Sie uns im Internet! Unter **www.topp-kreativ.de** können Sie sich über unser umfangreiches Buchprogramm informieren, unsere Autoren kennenlernen sowie aktuelle Highlights und neue Kreativtechniken entdecken, kurz – die ganze Welt der Kreativität.

Kreativ immer up to date sind Sie mit unserem monatlichen **Newsletter**. Für aktuelle Infos, Gratis-Anleitungen und Gewinnspiele gleich anmelden unter **www.TOPP-kreativ.de/Newsletter**

IMPRESSUM

FOTOS: frechverlag GmbH, 70499 Stuttgart; lichtpunkt, Michael Ruder, Stuttgart
HAARE UND MAKEUP: Charlene Ksiazek, Esslingen
PRODUKTMANAGEMENT: Eva-Barbara Zirn
LEKTORAT: no:vum, Susanne Noll, Hennef
GESTALTUNG: Petra Theilfarth
DRUCK: Tiskárna Grafico s.r.o., Tschechische Republik

1. Auflage 2020

ISBN 978-3-7724-6843-8 • Best.-Nr. 6843